カルト宗教やめました。

たもさん

彩図社

今日は南町の区域です
区域カードに載っている
お宅を訪問してください
裏に拒否宅があるので
ベルを押さないように
気をつけてください
留守宅の有効期限は
2週間です
各自で管理なさってください
姉妹！
ペア組まない？
お母さん
のどかわいた…
休憩までダメよ
ピンポーン
それでね
佐藤姉妹ったら
ね…
あ〜あつい
パタパタ

ガチャ
ハイ
あ…あの　私っ
エホバの証人と
言いましてっ
ガサッ
目ざめよ!
無料の家庭聖書研究を
おすすめしていて…
聖書には…
ベラララ…
将来　病気や死のない
世の中が
実現するという…

ぱち
……
すぴー
ぐお〜
…ああ
ぐおおおぉ
すぴぴぴぴ
…そうか…
夢なのに…
普通に伝道
してた自分に
腹が立つ…
私は　少し前まで
何が
病気や死のない
世の中だよ…
カルト宗教を信じてました

その宗教によると
もうすぐハルマゲドンで
この世にあるものはすべて滅び
信仰を持った人だけが生き残り
地上の楽園で永遠に生きるのだそうです
小学校の時　母の影響で
それを信じた私は
まだ見ぬ楽園を夢見て
部活ダメ
10代の恋愛ダメ
オシャレダメ
非信者とあそぶのダメ
進学ダメ
とにかく楽しいことは大体ダメ
ズル
ズル…
ぐぬぬぬぬ
数多くの規律を守りながら
世捨て人のような生活をしてきました
しかし　結婚し子供が産まれて
その子が重い病気になった時
血を避け
輸血および血液製剤等使用に関する同意書
輸血しな
医療に関する
A
私は初めて
自分の信仰に疑問を抱き
自分で調べてみて
気付いたのです

すべては嘘で
信じていた25年間は全くの無駄だったということに…
それから本当に色々あって
ようやく　あの宗教から
ん…
どした?
むく
決別できたと思っていたのですが…

※布教の訓練のために、信者が時々行う講話や布教の実演のこと

今さ……
奉仕に出てる夢見た……
俺も見るわー
こないだなんて
割り当て※する夢見たぜー
不思議だよなァ
なぜか王国会館にいて
何も準備していないのに
演台に立たされるの
えーと
みなさんっ
あの…
でも俺 できる子だから
テキトーに話し始めて
割り当てできちゃうのよ
どうせなら
ちはるの夢を
見たいよなァ
ふわぁ
悩むほどの
事でもなかったかな…
これは 私たちが
〝普通〟を取り戻すまでの
物語——……

カルト宗教 やめました。

もくじ

登場人物紹介

たもさん

小学生の時に母に連れられてエホバの証人の信者となる。以後25年間エホバの教えを信じていたが、息子・ちはるの病気をきっかけにエホバの証人の信仰に疑問を抱き、脱退する。

幼少期のたもさん

カンちゃん

たもさんの夫。たもさんと同じくエホバの証人の２世。たもさんと一緒にエホバの証人を脱退した。

ちはる

たもさんとカンちゃんの一人息子。４歳で肺動脈性肺高血圧症という難病にかかり生死の境をさ迷ったが、奇跡的に完治し、現在は小学生に。

お父さん

たもさんの父。亭主関白だったが、リストラ・家宅捜索を経て、すっかり母の言いなりになり、渋々エホバの証人の教えを学んでいる。

お母さん

たもさんの母。育児の悩み相談をきっかけにエホバの証人にハマり、たもさんを巻き込む。もともと純粋で騙されやすい性格。

お義母さん

カンちゃんの母。エホバの証人の信者。元々明るい性格だったが…。

先生

ちはるが肺動脈性肺高血圧症になった時に治療を担当してくれた先生。現在もちはるの主治医をしてくれている。

エホバの証人のお姉さん

幼少時のたもさんの教育係だった、エホバの証人の信者のお姉さん。

私たちがエホバの証人をやめてから
数か月が経とうとしていました
カチャ
〒6XX-XXXX
？
洋子姉妹…？

ちはるが赤ちゃんの頃に大会の授乳室で
仲良くなった姉妹だ…
ぎっしり
手紙が4枚…
と
家の…広告?
「サタンに負けないで!!」
「今の会衆がつらいのね」
「うちの会衆はみんな優しいからぜひ引越していらっしゃい」
……
RRRRRR
そういう事じゃないんだよなぁ～
はぁぁ～
ガチャ
ハイ
——もしもし

お久しぶりです たもさん姉妹
深山会衆の山口です
実は今 巡回訪問中でして…
今ここに監督がおられるんですが…
よければお電話でお話しされませんか？
!!
いえっ大丈夫です ありがとうございます 失礼しまーす!!
ガチャン
シーン…
あっ
あせった——……
巡回訪問…
クイ
ありましたなァ そういうの…

巡回訪問とは？
エホバの証人の組織図（だいたい）
エホバ（神）
キリスト
聖霊で（？）選ばれた数名の人たち
神やキリストとつながっていると教えている
？
統治体
このへんで働く人たちを「ベテル奉仕者」と呼ぶ 選ばれしエリート あこがれの的
世界本部 inアメリカ
他の国
日本支部
ここを管轄する人を「巡回監督」とよぶ
巡回区
ちゃんとやってるか？
会衆
長老
一般信者（成員）
妻も同行しますわよ
オホホ
この巡回監督が各会衆を定期的に訪問して、（年2回、1週間ほど）うまく機能できているかを視察するのが 巡回訪問 といいます
巡回訪問の週は大忙し！
宿舎
送迎
食事招待
伝道の同行
特に長老たちがタイヘン
巡回監督の機嫌次第で自分たちの命運が決まるため必死で「良くやっている」アピールをしつづけなければならない。
長老たちの株を上げるつもりはないけど…
たっちゃん…
心配です…
一応メールくらいはしとこうかな…
拝啓 洋子姉妹
お手紙ありがとうございます
ご心配をおかけし
人へのつまずきでは
組織に関することで
家族で話し合った結果 エホバの組織には
もう居られないということになりました
姉妹のお気遣いに感謝申し上げます
たもさん
こんな感じでどうだろう…
よしっ 送信!!
ピッ
シーン…
シーーーン…
返事… 返ってくるわけないよね…
トボ トボ
買い物でも行くか…

がチャン
がチャン
ああやって
エホバの組織に
マイナスな事を言うと
途端に心を閉ざして
しまうんだよなァ…
キーコ
キーコ
これが洗脳って
やつか…
私も…
そうだったのかもな…
!!
ぱ!
っ!!
に
逃げちゃった…
キーコ
キーコ

ええっ
カンちゃんも!?
うん
職場に長老が急に押しかけてきた
「兄弟どうされてますか――」って…
ひええ…
困ったねェ
本当のことを説明したところで「背教者!」って騒がれるだけだし…
そうなんだよ
こっちは何とか笑ってごまかすしかないんだ
ピーマンきらい
なあ…
本当に引越しちゃう?
ええっ
いや別にその手紙のところじゃなくて…
ホラ…だいたいエホバを辞めた人って遠くへ引越しちゃう人多いじゃん

ねぇ ひっこしするの?
いまより おおきい家?
おー
ちはるは どんな家がいい?
えっとね
かいだんがあって… プールがある家!!
どこのセレブだよ
ちょっと ちょっと…
たとえばの話だよ
もし引越したら ちはるは転校して 友達とさよなら しなきゃ いけないんだよ
てんこう…
じゅわ
あーっホラもう 泣いちゃったじゃん
引越すなんて 言うからもう
大丈夫だから 転校しないから せっかく友達できたもんね
じゅわわわわわ
とうまくん
しょうたくん…

やっぱりおかしいよ
何も悪いことしてないのにさ
まるで夜逃げみたいじゃん
夜逃げ…
アルバイトだって部活だって
おせわになりました
制服かえします
辞めたあとこんなビクビクすることないよ
ひさしぶりやん!!
お元気にしてますかー
昔の仲間に会っても普通に挨拶できるし
店大変やわ〜そっちはどう??
裁かれることを恐れて辞めた理由が言えないなんてそんなのないよ
私 もう逃げない!!
堂々とするから!!
フン
フン
マンションのローンまだまだタップリ残ってるし…
それな…
モグ
モグ

ザワ
ザワ
へー 出版社に お勤めですか
ハイ
株式会社 彩図社
営業
横山 有里
Yuri Yokoyama
ザワ
ザワ
出版社にも 営業って あるんですね
ハイ
主にうちで出版した新刊を 本屋さんに置いてもらうよう 交渉したり あと 面白い本を書いてくれる 作家を募集したりしています
なにか ヒットしそうな題材 ありませんか？
そうですね… 例えば僕の 営業ノウハウを 書いた本など いかがでしょう…
アポ取れぬ
あ〜〜…
他には ありますか？

あと…
うちの嫁さんが最近こんな漫画ブログを描いていますけど
これこれ!!こういうのです!!
いいですね!!これでいきましょう
ぱっ
そ…そうですか…それはよかった…
俺の本は…
…というわけで
カルト宗教信じてまし
「エホバの証人2世」の私が25年間の信仰を捨てた理由
私の漫画が書籍化することになったのです
やったぁ♪
ついに私も夢の漫画家デビュー!?
有名人!?印税生活!?
あァ…でも家族に迷惑が…
仕事休めないし…
お世話になった信者もいるし…
背教者になっちゃう…
嫌ならやめれば?
やる
……

こんなに真剣に漫画を描くなんて何年ぶりだろう
友情
勇気
たっちゃんすごーい
私にも描いてー
うわ… 何か描いてるよ アイツ…
キモッ
オタクじゃね？
たっちゃん!!
あなた何描いてるの!?
こんなのサタンよ
イエスがこれをご覧になったら…
NOTEBOOK
姉妹 集会のノートにイラスト描くのやめてくださらない？ 子どもがマネするので
姉妹 マンガではなくエホバの出版物を用いてください 僭越《せんえつ》な行為ですよ
絵は楽園で描きなさい
開拓奉仕で若い力を存分に捧げたほうが…
美大なんて目指してどうするの
たっちゃんがもし漫画家になったら
私にアニメの声優やらせてな!!
――私は今

漫画を描いている
絵はプロと呼ぶには下手すぎるし
ただいまー
エッもう
そんな時間!?
漫画の基礎も何も分かっていないのだけれど
SNSに漫画を載せたら読んでくれる人が増えて
素晴らしいチャンスを与えてもらった
チュンチュン
つられて爆睡してしまった…
漫画のネタなんて何もない
ゆっくりマンガかいといてー
ありがと～
あるのは自分の人生だけ
でも　私にしか描けないものだ
この漫画にどういう反応があるのか分からないし　正直怖い
でも　やってみようと思う
小学生の私　見ていて
私　マンガ家になるよ

そして…
ジャーン
カルト宗教信じてました。
え、神様っていないの？
つ…ついに完成してしまった…!!
これが全国の本屋に…
全国の…
本屋に…
新刊コーナー
無理
恥ずかしくて死ねる
こんな絵でほんとにスミマセン
おーいケータイ鳴ってんぞー
バッ
おめでとうございます増刷が決定しました
うそ…
あわわわわわわわ
なんか売れてるらしい…
発売日初日に増刷なんてスゴイですよ!!
たもさん？
たもさーん
うちのオカンからメールきた
from：オカン
件名：どういうことですか
たっちゃんがエホバの証人のこ
本にしたそうですね!!!!
Amazonで売られているとか!!
こんな裏切りってありますか!?!?
私は悲しいです。あの人は恩を仇
ですね。ちはる君の病気のことも書い
いるそうですが!!
何でもエホバのせいにするん
あれはたっちゃんがちはる
きちんと管理をしていなか
からではありませんか!?
もう分かりまし
こちらからは一
ちはるちゃんと
仕方ありません
さようなら
お母さ
めっちゃ怒ってる

で…返信したの？
したよー
アマゾンどころか
全国の本屋で平積みされてるし重版しているらしいよって
火に油
RRRRRRR
ビクッ
おう 父さんですがたっちゃんお前漫画描いた？
え…なんで知ってるの？
今朝 新聞広告が出ていてなお前の絵だってスグわかったぞ
新聞載ってもた
お…お母さんは何て…？
あぁ
めっちゃくちゃ怒ってるぞ
ですよね

もう外を歩けない
遠くへ行ってしまいたい
遠くって…どこへ?
……
喜界島とか!
キカイジマ?
なんで
南の島で…
ハブとかいないから…
ヘビきらい
じゃあ ワシの年金やるから行ってきたら?
いい…
暑いし…
太陽まぶしいのシンドイ…
……
じゃあ
北海道は?
母さん魚介類好きだろ? ラベンダーも
いい
冬…寒いし
ラベンダーの季節だけ行きたい
……
…とまぁこんな感じで怒ってたぞ
そう…
ごめんね…
なんだか大丈夫そうです

お前のマンガ読ませてもらったけど
初めてお前がどんな想いをしていたのか分かった気がするわ
今までスマンかったな
お父さん
お前のマンガ買いに行ったら売り切れですって言われて本屋ハシゴさせられたわ
スゴイな!!
うん…
母さんの事はワシに任せてお前はもっと描け!
ありがとう…
おまけ
奥様の本おかげさまで大好評です!!
次は僕のプレゼン能…
次回作はいつごろ出します?

第3話　お金がない!?

たっちゃん
お金がない…！
へっ
ど
どういうこと？
カンちゃんのお仕事…
っ
見て
人間が85歳まで生きるのに必要な金額
6600万円

ろっ
がばっ
6600万円!?
うそでしょ!?
ホントだ…
老後の最低日常生活費は
月々平均約22万円
60~85歳までの25年間だと
22万円×12カ月×25年
=6600万円
(生活保険文化センターの資料より)
これだけ貯めておけっていう事だよな…
退職金も年金もアテにならんからな
あわわわわ
ちなみにちはるを大学に行かせるにはこれくらいかかる
国立大
私立大理系
約50万円×4年分 授業料 約105万円×4年分
約28万円 入学金 約26万円
そのつど 設備費 約20万円×4年分
228万円 合計 526万円
※おおよその平均額です
交通費、住居費などもっとかかります
国立大学でもけっこう要るんだね
大学は行かせてやりてぇな…
親の宗教のせいで大学に行けなかった2人
そうだね…
俺たちってエホバの証人の中でもリッチな部類に入ると思ってたけど…
本当は全然だったな…
うん…

一般の人が言う「お金がない」っていうのは
収入
こういうことで
貯蓄
支出
将来のために貯蓄したうえで余分に使うお金がない
俺たちの場合は
収入
マジで無い
支出
収入がそのまま全部出ていく
お金があって「いつでも買える」という余裕のある人は
安いけど今は特に必要ないかな…
SALE
余計な出費をしないのでどんどんお金が貯まっていく
500-
ALL
対して　いつもかつかつの生活をして心が飢えている人は
わーい　セールだ　給料日だ　お買い得だ
SALE
チャンスがあるとここぞとばかりに散財し飢えを満たそうとするためどんどんお金がなくなっていく
ALL 5

うう…ウチは完全に貧乏まっしぐらパターンだ…
お金を貯めるには脳みそから変えていかなきゃいけないんだ…
しょうがないよ
俺も80、90までこの体制で生きるなんて考えもしなかったもんな
ハルマゲドンでお金も銀行も全部吹っ飛んで
貯金なんてムダになって楽園で自給自足の生活をすると思っていたからな…
BANK
「洪水前のそれらの日ノアが箱舟に入る日まで人々は食べたり飲んだりめとったり嫁いだりしていました」
「そして洪水がきて彼らすべてを流し去るまで注意しませんでしたが人の子の臨在の時もそのようになるのです」
——マタイ24章38、39節

自分たちはノアのように宣べ伝えさえしていれば救われると信じていて
世の人はむなしい生き方をしていると思ってた
週末に居酒屋で
バカ騒ぎしているだけに見えた人たちも
本当は　俺たちが布教活動に時間を費やしている間
ちゃんと勉強してちゃんと働いてちゃんと将来に備えていた
むなしい生き方をしていたのは
私たちってことだね…
……

なに!?
フリーターになって布教活動するだと!?
うん…
高校時代のたもさん
年金はどうするんだ社会保険は!?
えっと…それは…
国民年金と国民健康保険があるわよ無理なら免除してもらえるし
お前に聞いてないッ
そんなんで老後はどうするんだ
あの…それは…
それまでにハルマゲドンがくるわよ!
それにいざとなったらエホバや仲間の信者がたすけてくれるのよ
ハア……

あのな～…
世の中ってのはな
国民がちゃんと働いて
税金納めて消費して
政府
インフラ
納税
公共サービス
納税
労働、消費
給与
企業
国民
金の流れで
回していっている
ものなんだぞ!?
もし世界中
エホバの証人だらけに
なってみろ
働かないで
奉仕しま～す
えっ
えっ
年金免除してもらお～
世の中　たいへんなことに
なるぞ!!
このせはいずれ滅びるのに？
?
世界中がエホバの証人
だらけになったら
スバラシイ
わね!!
わかってないなコイツら…
お父さんが
心配してたのって
こういう事だったんだ…
お父さん
ゴメン…
うわあああああああ
私ようやく
意味が分かったよ！
お父さん？

今からでも取り戻せるかな…
うん
頑張ろう 働こう
そのためにもなるべく元気で長生きしなきゃ
健康診断受けよう
採血
そういえばエホバの人たちって病院嫌いが多かったね
楽園待ちなのよ〜
イタタ…
どうせ完治しないから
集会行ったほうが元気になれるのよ
楽園待ち なんて言ってちゃんと治療しなかったりね
そのくせ変な民間療法や健康食品が流行ったりして
マルチ商法やっている人もいたね
ジュース
サプリメント
水素水
H_2
それで手遅れになって病院に担ぎ込まれて
PARAMEDIC
!?
「輸血できません」だから病院からすればたまったもんじゃないだろうな…

ちはるのためにも
将来のことちゃんと考えないとね
3か月後…
健康診断
どうだった?
健康診断の結果出た?
かくれメタボって書かれてた…
ブヨ〜ン
………
筋トレをはじめました

たもさん
お疲れっ
私も仕込み
手伝うわ
ありがとう
ございます
今日の
ランチタイム
忙しかった
ですね
そうねー
もう
クタクタ!
……
シーーン‥

……
髪…
切りました?
……
いや…
2カ月くらい放ったらかしだけど…
……
今日…
暑いですね…
そうね…
盛岡は…
40度らしいですよ…
へぇー…
……
そういえばっ
足の裏をっアルコールで拭くと蚊に刺されにくくなるらしいですよ!!
……
ぷっ

あははははっ
たもさん面白～い!!
？
本当に「タモさん」みた～い!!
髪切った～？
？
？
なになに？
どやどや
ちょっときいてよー たもさんってさぁ
急に「髪切った？」とか聞いてきたり
天気の話とかうんちく語りだしたり
ちょータモリなの
えーたもさんそんなキャラなの～
しらなかった～
あわわ…
気付いたら2人でこんなにクロワッサン巻いちゃってたわ
こりゃ明日は楽できるわー
ま…
ウケてるからいいか…

ベーコン焼けたよー
ガチャン
ありがとうございます
ホウレンソウどうする？
ジャー
出しといてくださーい
トットットッ
うちの子さぁ今朝から調子悪くて…
保育園から呼び出しこないか心配だわ〜
お子さんが風邪…？
何か持って行くべきか…？
そうなの？大変じゃん！
あとやっておくから早いとこ帰りなよー
昨日またダンナとケンカしてさー
ほんとウザい別れたーい
それは大変…
なにか良いアドバイスを…
そうなんだー嫌になっちゃうよねー
うちのダンナもパチンコばっかりよー！
た…他人との…
ほんっとオトコってどうたらこうたら
いえてるー
だんながタケノウチだったらなぁ
いいねー私はマツジュン!!
距離感が分からない…!!

たっちゃん
よく来たわね
姉妹ようこそ
いらっしゃいました
エホバの証人は
みんな〝家族〟みたいで
距離感なんか
ゼロに等しかった
黙ってても向こうから
話しかけてくれた
誰かが引越しすると聞けば
当たり前のように手伝いに行くし
風邪をひいたと言えば
おかずを持ってきてくれる
まあ〝家族〟だったから
なぁに その服!? 男を まどわす気?
大学に行きたいんですって
お子さんが集会の妨げになっています
愛あるこらしめを与えていますか
ズケズケと
助言したり干渉して
くる人もいたりして
でもそれは本当の愛じゃなくて
信者じゃなくなった途端に
消えてしまうものだったのだけれど
私…甘えていたのかも
しれない
偽物の〝家族〟の
距離感に…

ただい…
ま?
!?
おかえりー
ぞろ…
こんにちはー
おじゃましまーす
どたどた
きたよー
ぺこり
また来た!
い…いらっしゃい…
友だちにうちでゲームしようってさそったらみんなきちゃった
ちはるくんはやくーあそぼー
まだーー?
ゲームすすめちゃうよー
一体何人来てるの?
んー…わかんない
ちはるくーんこれ使っていい?
SD
ちはるは友達作るの問題ないみたい…
良かった
ハハ…

すみませーん
今日は息子がお世話になりました！
あ…わざわざどうも…
ちはる君にはいつも仲良くしていただいてるみたいで
私 毎週学校で読み聞かせのボランティアをしているんです
バイバイ
よみきかせ…絵本の？
ご興味あります？
いやいや全然…
大勢の前で本を読むなんて私には…

ずらっ
………
なぜか読み聞かせをやることになってる…
ワクワク
あれボクのママだよ
……
「今日も傘が売れなかったなぁ」
そういえば…うちの子にこういう昔話って読んであげたことあったかなァ…
おじぞうさま 寒いでしょう これで少しは 雪をふせげます…
昔話って大抵魔法や偶像とか教理的にNGなものばかりだったもんな…
なんだか…
懐かしいな…
おじいさんは売り物の傘を…

おとうさん
かさじぞう よんで
かさじぞう
おじぞうさん あたたまってくんろ
かさじぞう
子供たちは勝手に学ぶ
絵本の中にある
優しい世界から
わざわざ教訓を教えなくても
エホバ したがう
あなたは何を学んだの!? どうするの!?
質問して答えさせなくてもいいんだ
エホバの禁じた絵本の世界には
シンデレラ
ブレーメン おんがく
うらしま太郎
桃太郎
たくさんの生きるヒントが
隠されていた
お友達と仲良くすること みんなで協力すること
約束を守ること
親切にすること
最後まであきらめないこと
――ああ

私は
こんな優しい世界が
ハルマゲドンで滅びると
信じていたんだなぁ
どうだった?
…来週も
読みに来ていいですか

読み聞かせ…
面白かったな…
読み聞かせのお母さんたち
子供たちに読む絵本を真剣に選んでいたな…
世の人も…
ちゃんと子供たちの事考えているんだ…
ピロリーン
職場の…
パートさん達のグループメールだ…
飲み会…
チメンバー(6)
久しぶりに飲み会しよー!!
いいねー
たもさんも行かない?
みんな子供連れてくるよ!
私…誘われてる…?
よし…今なら…
参加させて頂きます
記号
123
あ
か
な
た
や
ら

ピコッ
参加させて頂きます
マジ!?
ピコッ
やった!!
たもさんが来るって!!
ピコッ
てか たもさん いつまで敬語wwww
すみません、つい…
タメ口でいこーやー
ハイ
あっ…
(爆)
早速wwww
私 なんとなく
やっていけそうな気がするよ

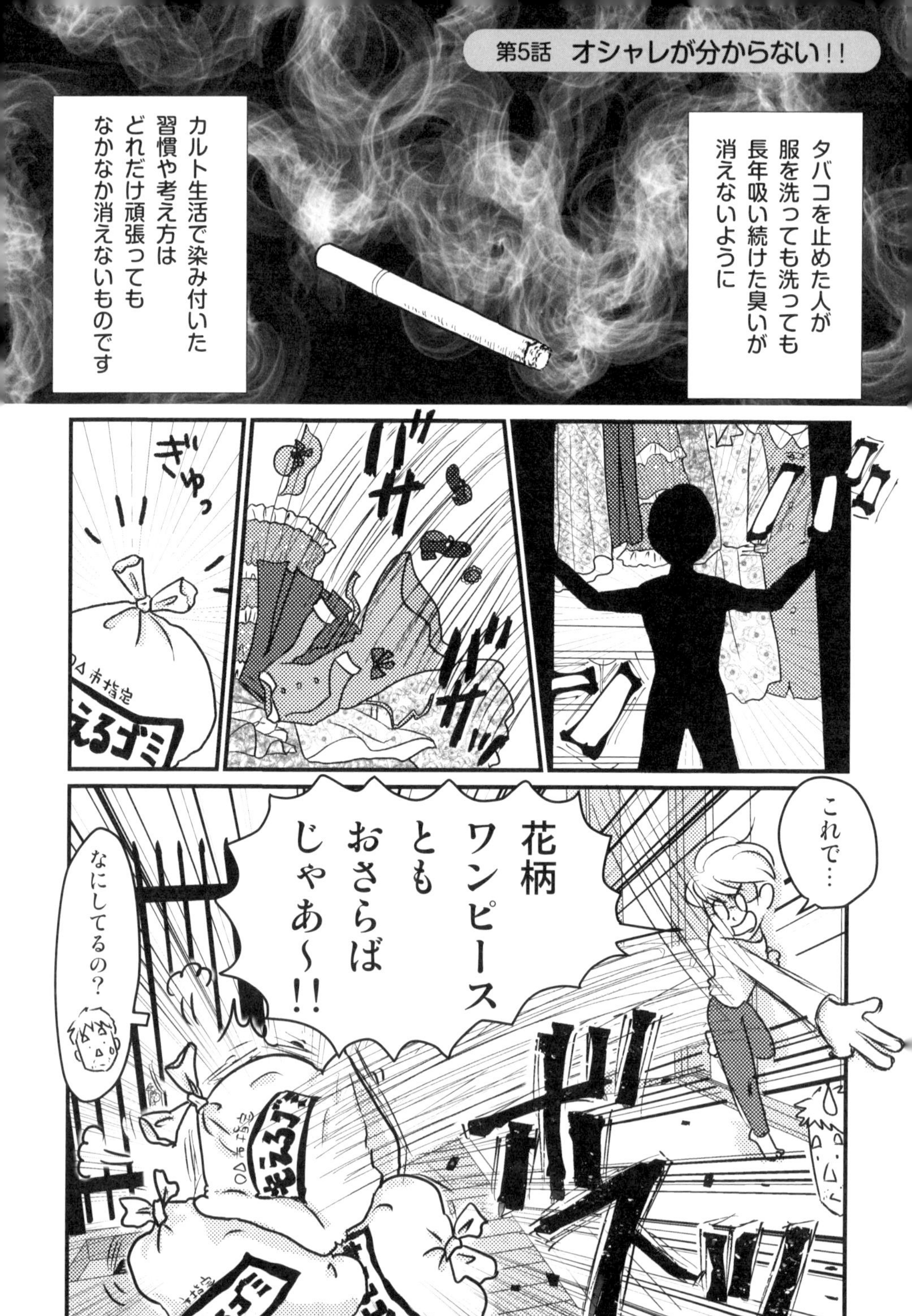
第5話　オシャレが分からない!!
タバコを止めた人が
服を洗っても洗っても
長年吸い続けた臭いが
消えないように
カルト生活で染み付いた
習慣や考え方は
どれだけ頑張っても
なかなか消えないものです
ザザ
ザザッ
ぎゅっ
○△市指定
えるゴミ
これで…
花柄
ワンピース
とも
おさらば
じゃあ〜
!!
ポイッ!!
なにしてるの?

※聖書のテモテ第一２章９，10節には「慎み」「健全」「神をあがめるのにふさわしく」という言葉はあります

というわけで
いらっしゃいませー
なにかお探しですか？
ビクッ
はっ…はい
なに？　このくそダサい女…うちの店をウロウロしないでくれる？
どうせ何も分からないだろうから適当に売れ残りでも押しつけるか…
と、言ってるように見える
ご試着なさいますか？
シャッ
あら〜
シャッ
お似合いです〜
シャッ
シャッ
これトレンドなんですよ〜

似合っているのかいないのか
………
それすらよく分からない
流行りは分からんっ
こうなりゃ一からファッションを勉強だっ
ブルベ…イエベって何?
ニュアンスカラーってなに?
骨格診断?骨で似合う服が変わるの?
結局ズボンは太いのと細いのどっちがいいの?
え?
オシャレが…
キャー
ワー
ヒュー
オシャレが分からん!!
ピロリン♪
12:00
?

!!
しまった!! 今日は妹が遊びに来るんだった
オシャレインスタグラマーのりんちゃんの前でダサイ恰好はできない!!
カチャ…
おじゃましまーす
いらっしゃい…
キラ
よく来たね…
キラ
キラ

姉ちゃん
ダサイね
グサッ
直球
ど…どこがおかしかった？
一応トレンドの柄×柄コーデで抜き襟シャツにワイドパンツで…
うーん
どこがっていうか…
ぜんぶ変
なんかがんばりすぎ
無理がある
オシャレを覚えたての中学生みたい
グサッ
グサッ
グササササッ
わ…分かってたんだ…なんか違うってことくらい…
でもどうすればオシャレになるのか分からない
私はどうせダサイから一生抜け出せないんだ…
……
姉ちゃん
オシャレするの楽しい？

私は楽しいよ
鏡の前で何時間もファッションショーしてみたり
ショッピングで好みの店を見つけて店員さんと仲良くなったり
気付いたら毎月7万円はファッションにお金使ってるよ
全然足りないくらいだよ私にとっては
ななまん…!!
バッ
あのね外見なんてさ髪さえちゃんとしていれば
Tシャツとジーンズでも十分かっこよく見えるもんよ
姉ちゃんは姉ちゃんのままで
いつものシンプルなのが私は好きだなぁ

りんちゃん…
るっ
ありがとうっ
美容院は行ってね
ハイッ
てかその服どこで買った?
売れ残り?
もう無理はしないぞ!!
オシャレ苦手だっていいじゃないかエホバだったんだもの たもも
なにこれ?
その後
花柄ブーム♡かーりィな着こなしにリバイバルプリントが…
エホバルックがまさかの流行!? 花柄ワンピース捨てるんじゃなかったぁぁぁ
……
ヒゲに飽きたので剃ったら剃りあとが青くなってしまった

第6話　楽園はどこにある？

今月は めちゃくちゃ働いて 時給も上がって…
お給料もたくさん 入った…
うおおおおおお
料理 あがりました
シュババババ
今日こそは!! おしゃれドリンク
パァーーーン
じゅる…
さくらなんとかフラペチーノ とやらを飲んでみたい!!
ああ…でも 自販機だったら 120円で 買えるし…
近くのスーパーなら 89円のところもあるし…
なんなら 家に帰れば
タダでコーヒー 飲めるじゃん…
いかんいかん!!
もうこんな事 気にしなくていいんだ!!
私…
いつから息抜きが 下手になったんだろう?
私がエホバの証人になった 初期のころは
会衆に若者が多くて みんなでレクリエーションをよくして いたなぁ
それがいつしか…

※
なんか最近
若い子たちの
表情が暗いなァ…
※20代のたもさん
姉妹～
奉仕
あいてる？
毎日
集会や奉仕ばかりで
楽しみが無いのかな…
あの…
今度
レクリエーション
しようと
思っている
んだけど
何か
やりたい事
ある？
……
別に
なんでも…
……
そう…
私 むかし
エレクトーン
習っててさ
音楽とか
どう？
何か楽器
弾ける？
……

ピアノ…なら
少し…
いいじゃん!!
ピアノ弾こうよ!!
音楽会しよう!!
私も…フルートで参加してもいいですか…?
僕も…バイオリン下手だけど…
えーっみんなすごいね!!
ワイ
ワイ
ワイ
姉妹ちょっと…
なんの交わりを計画なさっているのかしら?
あっはい…若い子たちで
幹事は?
?
メンバーは?
くど
費用は?会計報告は?
全員誘ってる?○○姉妹は?
くど
場所は?広さは?送迎は?
くど
プログラムは?曲目は? 世の歌?歌詞は健全?
くど
くど
くど
そもそも神への奉仕こそが!
真のさわやかさをもたらすのであって!
姉妹がふさわしくない交わりを計画しているって長老に報告しますよ!?
レクリエーションはスパイス程度にとどめないと良くない影響を及ぼすのよっ!!
くど

…ハイ
気をつけます…
こんなだから今までレクリエーションがなかったのか…
トボ トボ
ねェ…田中姉妹って海外旅行に行かれたらしいわよ〜
ハワイ!!
まあ!! どこ!?
まあ〜物質主義じゃない!?
終わりが近いってのに
海外旅行なんて楽園で行けばいいのにねェ
私は楽園に行ったらハンモックにゆられてのんびりしたいわぁ〜
まぁ〜ステキ〜
私は象の背中に乗って散歩したいわァー
まぁ〜ステキ〜
姉妹は?
私は…ヒミツ♡
姉妹〜もったいぶらずに教えてちょうだい
え〜
子供を…たくさん産みたい♡
んまぁ〜♡
10人? 100人??
信じられない光景ですがこれが〝日常〟でした
信者たちは〝楽園になったら〟やっと自分のために生きられるのです
今そうすればいいのに…

ザッ!!
いらっしゃいませ!
ベンティ　ホワイトモカ
アドリストナントカイチゴ
ホイップサクラフレーバー
エクストラコーヒーマシマシ
フラペチーノください!!
おぼえた
ビシッ
かしこまりました〜
を
パァァ。。。
ちう
楽園は
自分で作れる
……

ふんふ〜ん
あれからすっかりカフェにハマっちゃった♡
自分でカプチーノ作ってみたりして…
←100均のミルクフォーマー
チンした牛乳を泡立てる
コーヒーを注ぐだけ!!
カンちゃーんコーヒーどう…
バターン
WELCOME
開運
拾億円
行動力
運を引き寄せる50の法則
革命を起こす!!

なんかさぁ…
変なもの増えてない？
ただの開運グッズだよ
実は最近パワースポット巡りはじめてさぁ
どう？ご朱印帳!!
宗教の乗り換え早すぎでしょ…
こんなのお義母さんやうちの母が見たら…
サタンよ!!
大いなるバビロンよ!!
ヒイイイイ
部屋には入れられないな…
エホバの証人は他の宗教を〝大いなるバビロン〟と呼んで政治に身を売る娼婦だとハチャメチャに悪く言っているのです
辞めた今となってはそこまで悪いと思わないけれどやっぱり抵抗あるなァ…
そこまで重く考えなくてもいいんじゃない？
なんなら行っちゃう？神社!!

どーーん
来ちゃった
鳥居…でか…
高校の修学旅行では頑なに　ここをくぐろうとしなかったなァ…
ここで待っとくから!!
なんでよ〜 行こうよ!
ごめんよ アツコ…
いざ!!
くぐる!!

すごい
ご神木だね
日本は災害が
多いから
自然に宿る
神様を
信じるように
なったんだね

信仰は
需要と供給
なのかもしれない
国土を持たない
ユダヤ人にとって
自分たちの誇りを
守るために
唯一神と選民思想は
必要だったんだと思う
エホバの証人だって
アメリカの中流階級のマダム達に
ウケたのは
自分たちを特別な存在に
してくれて
良妻賢母のコミュニティを
作るのに丁度よかったんだ
そして戦後の日本で
エホバの証人が増えたのも
私の母が入信したのも
きっと需要があった
からだろう
ただ私には
合わなかっただけ
私の…
需要ってなんだろう

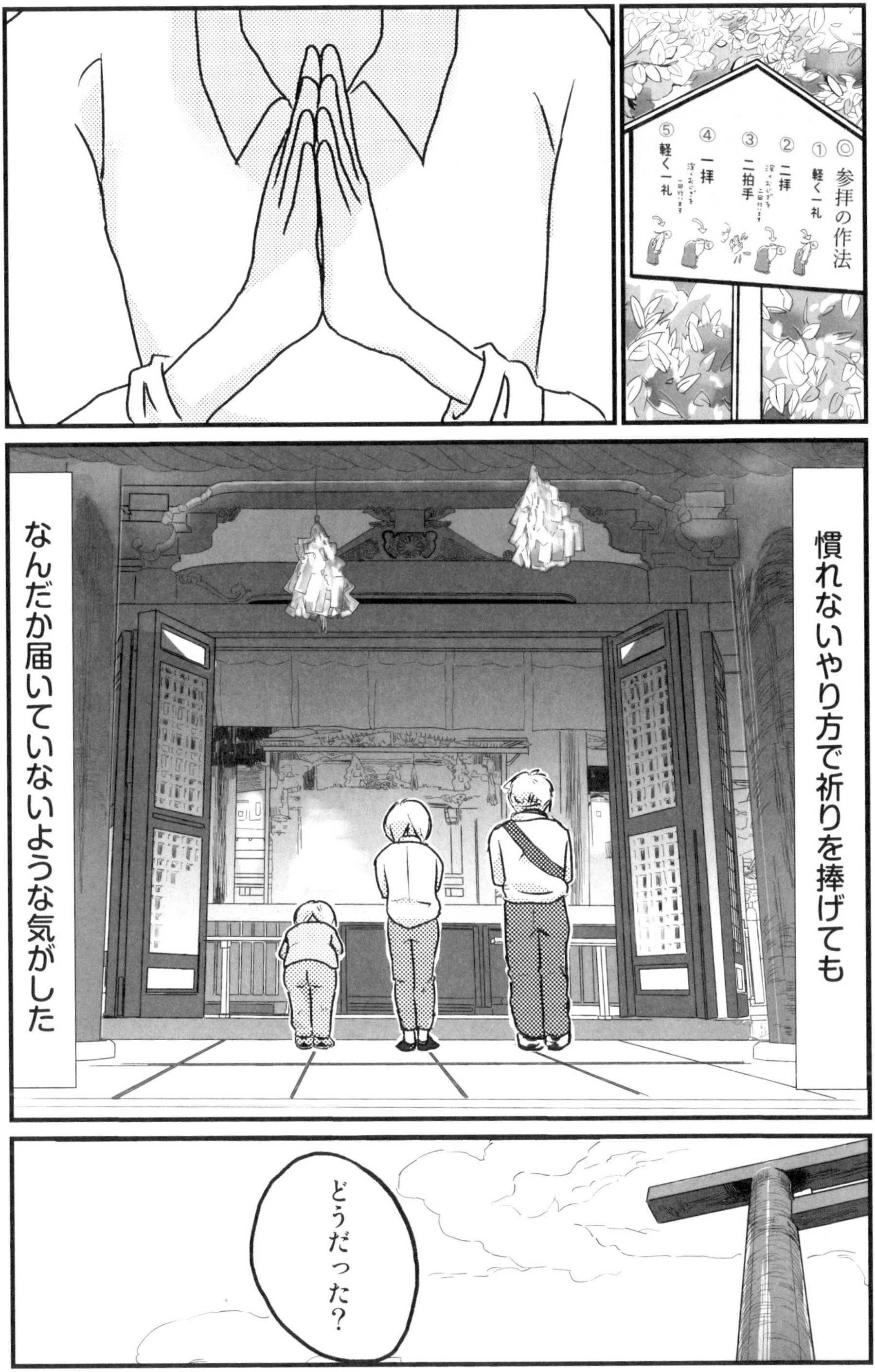
◎参拝の作法
①軽く一礼
②二拝
深くおじぎを二回行います
③二拍手
④一拝
深くおじぎを一回行います
⑤軽く一礼
慣れないやり方で祈りを捧げても
なんだか届いていないような気がした
どうだった？

うーん
まあ色々分かったかな
カンちゃんは…今はどう思ってる？
神と宗教について
そうだなー
だいきち！
寛容になった!!…かな
他の宗教に優しくなれた
ママみてみて〜
大吉
そうか…
そうだね
生きていたら本当に色々あるもんね
神が人間を作ったのか人間が神を作ったのか分からないけど
神様が必要な時だってあるよね

もちろん
宗教のせいで人が死んだり
輸血しないで下さい
子供たちが苦しんだりする事は許せないけど
これから出会う
色んな思想や背景の人たちに
寛容でありたい
たとえ分かり合えなくても
また増えてるし…
家の中がオシャレから遠ざかってゆく…
宝
寛容に…!!

ただいまー
おかえり ちはる
ポスト 見てきたよ
ありがとう
いっぱい 入ってたよ マンションの 広告 ピザ屋さん でんき代 それから…
「ぜひ おいでください」
「イエスキリスト」の 死を記念する 特別なイベントで
わああああああああああああ!!
しまった…!! つい過剰な 反応を…!!
エッチな広告じゃあるまいし……
?
?
?
記念式……
ぜひおいでください!
もうそんな 時期か…

死の
記念式?
そう!!
一年で一番大切な日よ
イエスが亡くなられたことを思い起こして感謝する日なの!!
ハア
聖書の中で唯一イエスが「わたしの記念として行い続けなさい」と命じられたのがこの記念式なの
「死ぬ日は生まれる日に勝る」という聖句もあるわ エホバは誕生日やクリスマスは喜ばれないけど イエスの死の記念式は喜ばれるのよ
一般のキリスト教が行っているイースターやミサは間違っているのよ
一年に一度 イエスが亡くなった日にパンとぶどう酒を用いて行うのが正しいのよ
信仰ゆえに投獄された兄弟たちもこの日はパンとぶどう酒をひそかに持ち込んで
月の満ち欠けで日付を割り出してひとりで記念式を行うほど重要な日なの
でも…大切な人が亡くなったら悲しいですよね?
どうしてお祝いするんですか?

たっちゃん
とても良い質問だわ
たっちゃんがもし車にはねられそうになった時誰かが身代わりになって死んでくれたとしたらどうかしら？
あぶないっ
その人の命日には亡くなってくれた人のことを思い起こして感謝するんじゃない？
イエスもそうなの!!
イエスは私たちのために死んでくださったのよ…
最初の人間アダムとエバのせいで私たちは生まれながらに罪を負っているの
そうまるでへこんだ焼き型で作ったパンのようにね…
それを!!なんの罪もないイエスが!!!犠牲になったことで清めてくださったのよ!!!!
たっちゃんは感謝したいと思わない!?
ハ…
ハイ…
なんかよく分からないけどすごい日なんだ…

エホバの証人の
王国会館
ようこそ
ようこそ記念式へ
こんばんは…
なんだかいつもと雰囲気が違う…?
たっちゃん!!
よく来たわね!!
エホバも喜んでおられるわよ!!
じゃらん
ふ…ふりそで着てる!!
私もおめかししないといけなかった!?
この日にイエスは弟子たちと…
特別な契約を結ばれました…
私たちはそれを見守るものとして

イエスはパンを取りこう言われました
「これは私の体を表しています」
これがパン…?
瓦せんべいみたい…
食べちゃダメよ!!
たっちゃんは天へ行かないでしょ!!
う…うん…
エホバの証人には二種類の人がおり
死後 天へ行くと信じている人と地上の楽園へ行けると信じている人がいます
死後またはハルマゲドン前
「小さな群れ」14万4000人
死後またはハルマゲドン後
「大群衆」多数派
天へ行く人はレアで 全部で14万4000人 その人たちが記念式のパンとぶどう酒を口にできます
続いて ぶどう酒についてイエスはこう言われました
「これは私の契約による血を表しています」
わぁ…
ふわっ…
いい香り…
ギッ
たっちゃん
イエスの血を嗅いじゃダメ!!!
す…すみません

ご主人さん ようこそお越し下さいました
いやはや
久しぶり〜 元気〜?
あかちゃん かわいい〜
ハイ チーズ!!
キャッキャッ
記念式が終われば そこはパーティー会場のようで
ふだんお祝い事を 一切しない信者たちも
この日ばかりは楽しそうに はしゃいでいるのでした
たっちゃんも おひとつどうぞ
えっ
食べても いいんですか!?
天へ 行かないのに!?
式が終われば いいのよ
あわわわわ
では…
パクッ
ドキドキ
うっ
まっずッッ
原材料：小麦粉・水のみ

記念式
かぁ…
今思い返せば
変な習慣
だったな…
私たちを誘おうと
思って
誰かが入れたのかな
それともキャンペーンで
回ってただけかな
エホバを辞めたあとも
記念式だけは誘われる人が多くて
招待ビラが来るたびに
ちょっと昔を
思い出してみたり
そのうち　記念式すら
誘われない人に
なっていって
そうやってだんだん
一般人になっていくんだろうな
ただいまー
おかえりー
?
記念式?
なつかしー!!
あぁ…
ポストに入ってたの

久しぶりに…
行ってやろう
かなァ～
……
ちょ…
冗談だよ
昔から思ってたんだけどさ
イエスって記念式を
ごく親しい弟子たちとだけで
執り行っただろ?
わざわざ裏切り者の
ユダを追い出して…
じゃあさ
一般人をだれでも彼でも
キャンペーンで招待したり
ましてや辞めた
俺たちを誘うなんて
おかしくない?
た
たしかに…!!
ウロコ
一番呼んじゃ
いけない奴らじゃん
俺たちって…
その日は
なんとなく
赤い
ぶどう酒には
瓦せんべいより
チーズでしょ
やっぱり
おいしい
ワイン
ワインが飲みたく
なりました
(天には行かないけど)

カステラ
ベビーカス
MINTENDO
いいなア
市民プールに
ゲーム大会
それから
夏祭り…
小学生の
夏休みって感じだ
私たちは
夏休みといったら
※補助開拓奉仕に
大会だった
もんね
炎天下での奉仕は
キツかったなァ〜

※月に60時間（現在は縮小）を布教に費やす誓約のこと

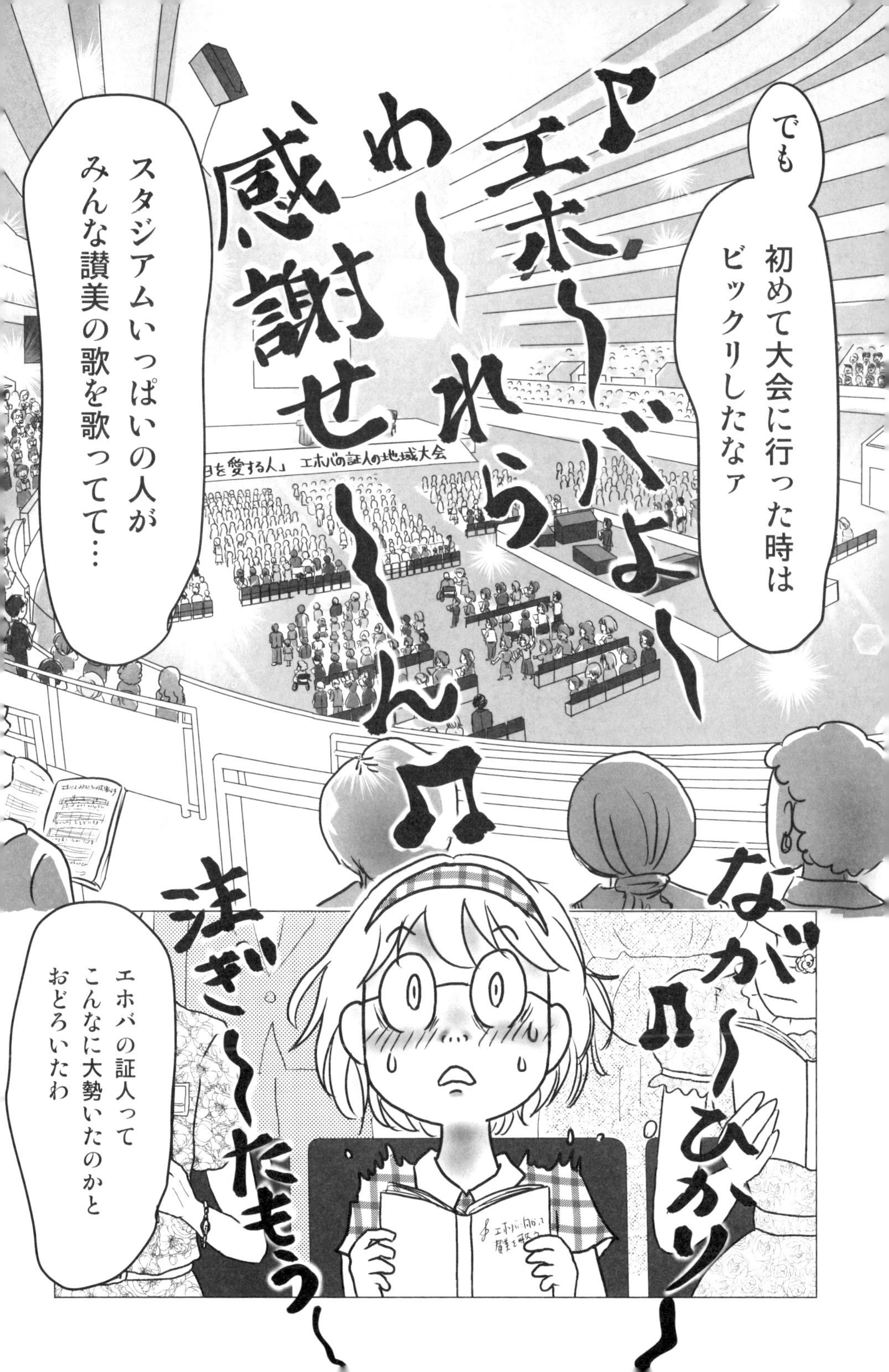
でも
初めて大会に行った時は
ビックリしたなァ
エホ〜バよ〜
われら〜
感謝せ〜ん♪
スタジアムいっぱいの人が
みんな讃美の歌を歌ってて…
日を愛する人」 エホバの証人の地域大会
なが♫〜ひかり〜
注ぎ〜たもう〜
エホバの証人って
こんなに大勢いたのかと
おどろいたわ

昔は大会もお祭りみたいに出店あったの知ってる?
ュース
アイスクリ
エッ そうだったの!?
お昼にレトルトカレー配られたのは覚えてる
白いワンピース汚れちゃうのよ
カレー
ハヤシライスとひじきもあったな
いつしか簡素化とかいって
お弁当持参になっちゃったけど…
しーーん…
そういえば大会の話っていつもの集会よりテンション高めだよね
イエスにならって大胆にのべ伝えたいとそう思われませんか!!
ワァァ
パチパチパチ…
模範的な人のインタビューがあったり
これまで30人ほどの方を真理に導いてきました
学校の先生にクラスみんなの前で証言しました!!
聖書劇なんかがあったりして
大会が終わったあとは
がんばらなきゃ
がんばらなきゃ
カァァァァ
妙な高揚感があったなァ

今思えば
アレも洗脳だったのかな
はち
はち
あ〜ん
そうかぁ…
俺は逆に
自分ができていない事を
毎回思い知らされてたよ
同い年のヨシくんは
劇やインタビューに
選ばれているというのに
あなたときたら…
くど くど くど
あー
はいはい
あと
バプテスマ(洗礼)ね
大勢の人が信者になる儀式を
するのに列を作ってたよね…
中には年配の人や
小学生くらいの子供
障がいのある人もいたりして
パチパチ…
ワァァァ…
みんな大喜びで
迎えるんだよね

結局　大会って
熱心な大人の信者の
ためのものだったね
子供にとっては…
苦行だよね
託児所もないし
居場所もないし
最後はずっと外にいて
会場の拍手の音聞いてた
思えば
まずしい青春
だったけど
ふりふりポテト
境内でボール遊
してはいけま
神社
まあそれも
自分の人生
なんだよな
あんな中でも
一応楽しい思い出も
あったし
今の営業の
仕事がうまく
いってるのも
布教の訓練
してたからだと
思うんだ
もっ
もっ
もっ
そのへんは感謝しても…
カンちゃん
それは…
カンちゃんの
才能だと思うよ
私は未だに
他人と話すの
苦手だよ
ふき
ふき
そっか…
花火
はじまるってー

まぁ…
夏休みは
これから取り戻せば
いっか…

ドーーン
おおっ
たーまやー
って何?
きれーい
まぁいいか
たーまやー

1990年夏
たっちゃん
ひさしぶりだねェ
当時小学5年生だった私が
東京に住む父方のおばあちゃんの所へ
ひとりで遊びに行った時の話です
長旅で疲れただろう
おあがり
……
じーーっ…
?
食べたくないのかい?
何個
食べていい?
!
…何個でも
好きなだけいいのよ

チーーン…
たっちゃんも
ご先祖様にごあいさつなさい
……
おばあちゃん 私一番最初のご先祖様を知ってるよ
一番最初…？
アダムとエバっていうんだよ
たっちゃん…
お母さん何か宗教はじめたのかい…？

そのおばあちゃんが
末期がんであるという知らせを
受けてしまいました
2017年春
ナースステーション
…おばあちゃん…
たっちゃん
ひさしぶり
だねェ…
ビックリしたかい
バァちゃん
こんなになっちゃって
そんな泣くんじゃ
ないよ

おばあちゃん… 私ニット帽 買ってきたよ
髪の毛 抜けてるって 聞いて…
まぁ!
こりゃ センスがいいね
前のやつは どうも 気に入らなくてね
色も形も ババくさいだろ
病人だからって 女は捨てたくないね
お食事ですよー
ガラ ガラ
ここのごはんは マズイねェ
薬で味覚が おかしくなって るんですよ
いやいや それにしてもマズイよ あんた食べた?
新しい先生 イケメンだねェ
おばあちゃん 気の強さは 相変わらずだった…
ペラ ペラ ペラ
ちはる君は どうしてるん だい?
パパと2人で お留守番 してくれてるよ
そうかい 偉いねェ
たっちゃんも
小学生の時 ひとりで東京に 来てくれたねェ…

うん
チグサさん!! どういうことなの!?
あの時うっかり私が口を滑らせて母の宗教のことがバレちゃった
ハハハ そうだったね
おばあちゃん
私 宗教やめたよ
そう…
でも…母のことは責めないであげてね
母にはあの宗教の世界しかないからさ
わかってるよ
チグサさんは私が病気をしてからしょっちゅう看病に来てくれたからね
本当によくできたお嫁さんだよ
布教活動で外を歩き回るのはいただけないけどねェ
そうだね…
そうか…
たっちゃんもようやく
自分の意見を通せるようになったか…
「何個食べていい?」なんて聞くのよ
?
お菓子を…出したらね…
他に誰も食べる人なんていないってのに…

あの時
ああ…この子は
4人きょうだいの
まん中で
ケンカしないよう
争わないで済むよう
いつも自分をおさえて
いるんだなと思ったよ
だから
たっちゃんが自分で
嫌なものは嫌だって
言うことができて
おばあちゃんは
ひと安心…
おばあちゃん…
…もう
行かなきゃ
おばあちゃん
大好きだよ
抱きしめた
おばあちゃんの
身体は
あったかくて
やわらかくて
もうすぐ
死んでしまう
ひとの
においが
した

長女
次女
と、その息子
三女
長男
ばあちゃん…キレイだな…
全部ばあちゃんが自分で手配したらしいよ
えっ おばあちゃんが？なくなる前に!?
さすがばあちゃん遺影も祭壇もぬかりない…

どう？
喪服…
はじめて着た
いいじゃん！
買ったの？
ちはる～
おじさん覚えてる？
ううん
いや～喪服って高いんだね
ゲッ5万円…!!
今なら一式10万円のセットがお得ですよ
ォーマル
結局しまむらと100均で全部揃えたんだけど…
9800円
1900円
1900円
100円
100円
姉ちゃんお香典もってきた？
1万円で足りるかな？
香典袋ってこれで合ってるよね？
少なっ!!
しょうがないなーみんなの合わせて連名で出したげる

本日はご多忙のところをご臨席いただきましてありがとうございます
只今より 故 山本明子様のご葬儀を執り行います
ねえ ママ…
あの へんな歌は なに？
歌じゃなくて お経といって…
クスクス
クスクス
シー
今まで エホバの証人の 告別式は あったけど… 一般のお葬式は 初めてだもんなァ…
エホバの証人は 死後の命を信じていないので お葬式はとてもシンプルです
式場はいつもの集会所で 喪服は悪霊を呼ぶと 言われているので着ません
JW.ORG
エホバの証人の王国会館
いつもの集会の服で あまり派手じゃないものを 着ます
お香典も いりません

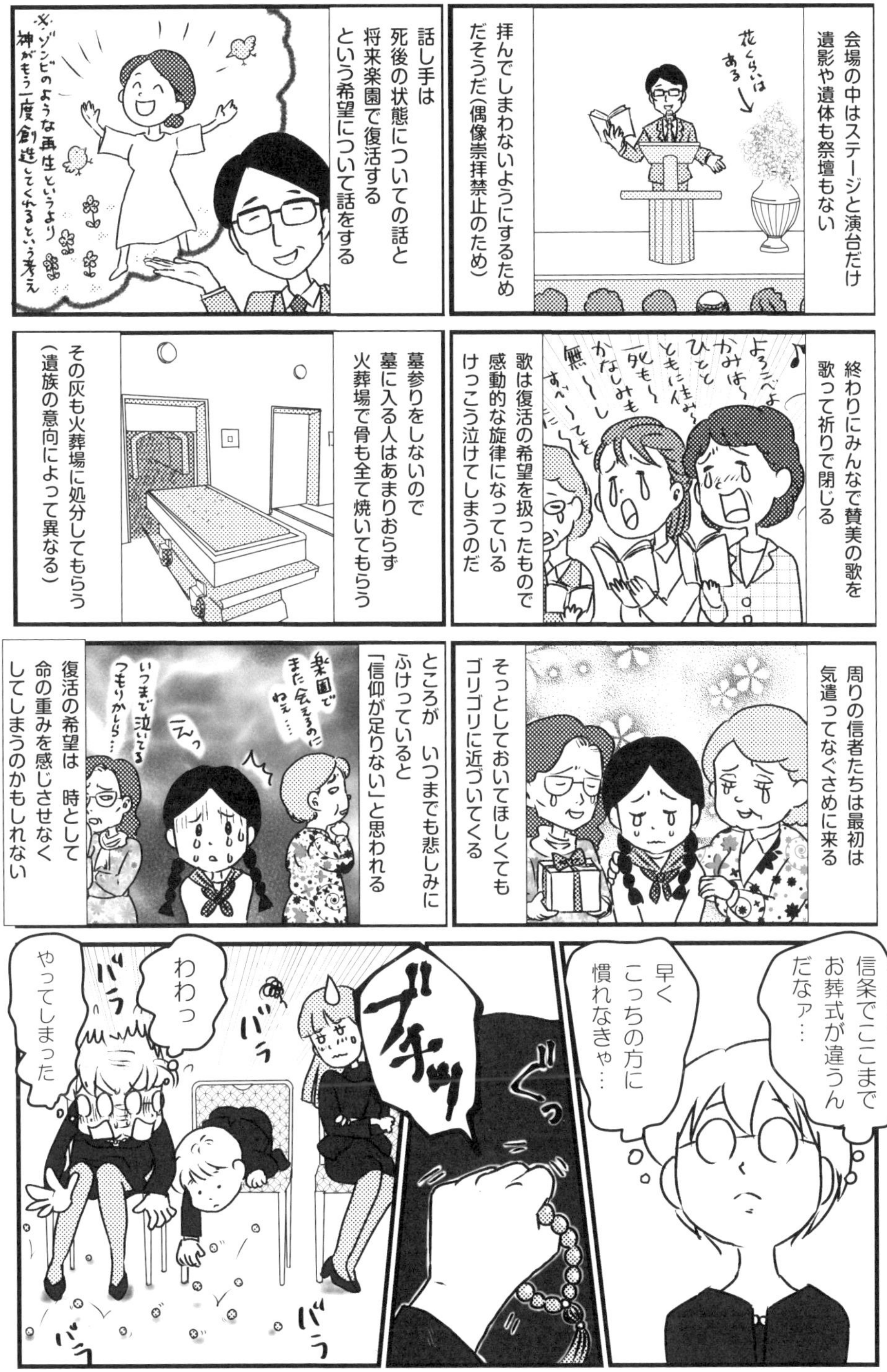
会場の中はステージと演台だけ
遺影や遺体も祭壇もない
花くらいはある
拝んでしまわないようにするため
だそうだ(偶像崇拝禁止のため)
話し手は
死後の状態についての話と
将来楽園で復活する
という希望について話をする
※ゾンビのような再生というより
神がもう一度創造してくれるという考え
終わりにみんなで賛美の歌を
歌って祈りで閉じる
よろこべよ
かみは〜
ひとと
ともに住み〜
死も〜
かなしみも
無〜〜し
すべ〜てを
歌は復活の希望を扱ったもので
感動的な旋律になっている
けっこう泣けてしまうのだ
墓参りをしないので
墓に入る人はあまりおらず
火葬場で骨も全て焼いてもらう
その灰も火葬場に処分してもらう
(遺族の意向によって異なる)
周りの信者たちは最初は
気遣ってなぐさめに来る
そっとしておいてほしくても
ゴリゴリに近づいてくる
ところが　いつまでも悲しみに
ふけっていると
「信仰が足りない」と思われる
楽園でまた会えるのにねえ…
えっ
いつまで泣いてるつもりかしら…
復活の希望は　時として
命の重みを感じさせなく
してしまうのかもしれない
信条でここまでお葬式が違うんだなァ…
早くこっちの方に慣れなきゃ…
ぐっ
ブチッ
わわっ
バラ
バラ
バラ
バラ
やってしまった

それでは ご遺族の皆様
順次 お焼香 お願いいたします
でた!! お焼香!!
ドラマや映画で見た事あるけど 何やってるか分からないやつ!!
私も一緒に 出るから マネしなよ
り… りんちゃん…♡
好き…
一礼
抹香《まっこう》つまむ
合掌《がっしょう》
ひたいの 位置まで 上げる
香炉に 入れる
また合掌
一礼
こ……こう…?
あの子…何か 宗教してなかった?
足を洗ったの かしら…
ヒソ
ヒソ
ヒソ
聞こえてるよ…
足を洗ったって…
ではこれより 出棺となりますが
その前に皆様で故人をお偲び いただきたいと思います

っ……
アキちゃん またね
きれいよ アキちゃん
お友達かなァ
ザワ
ザワ

お前…
母さん…
うそ…
これまで…
お葬式 来たこと なかったのに…
今まで
ありがとう ございました
母さん…!!
ぶわっ
お前… 来てくれたんか…!!

母さん…
ひょこっ
ヒマだー
こらこら…
たっちゃん
あなたお焼香したでしょう

エホバが見ておられるわよ
長老に罪を告白しなさい
…母さん…
私　もう　エホバの証人辞めたんだよ…？
あなたは辞めたつもりでしょうけど
エホバは不変だから!!
エホバにとってあなたはまだ神の子だから!!

…母さんが
何言ってるのか
分からないよ
とにかく長老に
言いますから!!
…言えばいいじゃん
もう私には
関係ないよ
やっぱり
相容れない
母と私が
分かり合える日は
来るんだろうか
野ホール

第12話　良い親ってなんだろう？

ちはるちゃん♡
おばあちゃん♡
夫・カンちゃんの実家もエホバの証人でしたが私がエホバの証人を辞めたあとでも
初めこそ揉めたものの変わらず接してくれていました
ところが
その後　お義母さんの身に色々とつらい事が重なり
お義母さんのメンタルは徐々に弱っていきました
私がもっと親身になって支えることができればよかったのですが…
気分の浮き沈みで突然攻撃的になる彼女に私は疲れてしまったのでした

どうして私ばかり こんな目に…
あなた達が エホバを離れてからと 良くないことばかりよ…
あぁ…また……
あなた達がもう集会へ 行っていないと 聞いて
私がどんな 思いをしたか…
あなた達に 変わらず優しくして あげたのも
いつかエホバのもとに 帰ってきてくれると 信じているからなのよ…?
お義母さん ごめんなさい
お気持ち お察ししますが
エホバの証人には 戻りません
!
お話ししても分かって いただけないかもしれませんが…

お義母さん 今世界中で エホバの証人が 訴えられているのを ご存じですか？
神の組織に性犯罪者などいません!!
子供に性犯罪を働いた人を 組織ぐるみで隠ぺい していたんですよ
上層部は一般信者の 福祉よりも
自分たちのイメージを守るのに 必死なようです
幸せな家庭
私は 自分の子供に
ここが真の宗教だと 胸を張って言うことができません
…組織は不完全だから…
私は エホバを待つわ…
!?
あなたは 受けた恩を仇《あだ》で 返すのね…

あなたはアダムをそそのかしたエバよ!!
カンちゃんを悪の道にひきずり込んだのよ
ちはるちゃんが病気になったのも
あなたのせいよ!!
全部あなたのせい
注意!!

ザァァァ
ガタン
ゴトン
私がバカだった…
ガタタン
ただ黙って話を聞いてニコニコしていればよかったのに…
ゴトトン
おばあちゃん…
ポタッ
私…
どっちの親ともうまくいかない…
ごめんね
そっか…
俺もごめん
オカンのこと任せきりにして…

そうだよッ
息子が仲良くできない人と嫁が仲良くできる訳がないよ
ハイ…
プンスカ
プンスカ
親っていつでも完璧なのかと思ってた
オカンも本当はよく笑う明るい人なんだ
うん 分かってるよ
ちはるには優しくしてくれてたもん 感謝してるよ
いい親ってなんだろな
お手本がないよな
親子だから分かり合えるとか仲良くするべきとか…
正直しんどいね…
ちはるには…
自分がしてほしかったように育てるしかないなぁ
ちはるが大きくなって「クソババア!! 出て行ってやる!!」って言ったら
私は我が子の自立をお祝いするよ
いや…そこは怒っとけよ…

第13話　元エホバのコミュニティにて

はじめまして。私も※JW２世です
たもさんのマンガいつも楽しみにしています。
同じ経験をしているので共感できます。
私もJW2世です。
私が排斥された時、親から「うちの子は死んだ」と言われてそれ以来、口をきいてくれません。
私は親から忌避されるのが怖くてエホバの証人を辞められません。
嫌々集会へ行き続けてもう20年になります。こうやってネットで愚痴るのが生きがいです。
皆さん、コメントありがとうございます。
それぞれ大変な想いをされてきたんですね…。
カチッ
少し前から自分の体験を漫画にしてブログで発信していました
自分の描いたものが人目に触れて反応をもらえるのは嬉しかったのですが
それより驚いたのはネットの世界には元エホバの証人がたくさん居てすでに大きなコミュニティになっていたことでした
皆さん、信者の親との関係はどんな感じですか？
私は親の反対を押し切って大学へ行きました。
ご存じのとおり、エホバの証人は大学や就職をすすめていません。世に染まってしまうからです。

※エホバの証人(jehovah's witnesses)の略

親はやはり大学に行かせるべきではなかったと、私をひどくなじりました。
大学はサタンだ。サタンに息子を取られた、と言うのです。
案の定、大学生活は楽しくて、私はエホバの活動をしなくなりました。
それを母は
エホバの祝福だわぁ
と言うのです。
それでも、経済的に苦しいという親を気遣って、
毎月収入のいくらかを仕送りしていました。
私は就職して家を出ましたが、
そうなんですか…。
正直、私が稼いだお金を宗教活動に使われたくありません…。
つらい…
あれだけサタンだ、悪だ、とさんざん言っていた大学と就職で得られたお金なのに。
エホバに感謝
寄付箱
私が母を想って送ったお金なのに…。

親は結婚式にすら出席してくれませんでした。
排斥になった後、一般人の女性と結婚したのですが…
私は排斥されているので…
親に口をきいてもらえません。
それでも会ってくれません。
やがて子供が産まれて…
さすがに孫の顔くらいは見るだろうと思ったのですが、
皆さんそれぞれ親との関係に悩んでいるんですね…。
これから親が要介護にでもなったらどうすればいいんでしょう。
エホバに養ってもらうつもりなんでしょうか…。
つらすぎる…
僕はただ宗教を抜きにした普通の親子になりたいだけなんです。

私は高校生の時に離れたので、親はあきらめてくれていますが…
離れた当初は自由がうれしくて色々やりました。
夜のお仕事
タバコ
性
ギャンブル
豪遊
でも、うまくいかなくなって…
一旦、エホバに戻ってしまいました。
悔い改めなさい
それでもやっぱり組織の偽善が許せなくて…。
これではまた同じことの繰り返しになると思い、
思い切って居場所をたくさん作ることにしました！
しごと
しゅみ
サークル
SNS
そうすれば、ひとつに依存しなくなると思って…。
おかげで、今ではすっかり“世の人”になって楽しくやってます！
居場所をたくさん…いいですね！

気づけば年をとってしまって、今さら辞めたところで
結婚も出産もできません。
長年アルバイト生活でお金も技能もなくて…
内気な性格なので友達もいない…。
私は親に忌避されると何もなくなるから…
長年、抑圧されすぎて
考えるのを止めてしまったんです。
…何も浮かばない…。
自分のやりたいことが分からない。
もし辞めて自由になったら何をしてみたいか、
考えてみたのですが、
こんな夢も希望もない私が、幸せになれるはずがないですよね…。
そっ…そんなこと…！
あぷぷ
今はただ、親と共にロボットのように集会へ行き続ける日々…。
ぽろ
ぽろ

わかるよ。
つらいね。
がんばらなくてもいいよ。
オフ会しましょう。
私もそうだったよ。
みんなありがとう！
そうか…
みんなこうやって少しずつ立ち直っていくんだな…
ただちに背教的なマンガをやめよ。
ゴッ
!?
だ…誰？
私は預言者ヤコブ。
インターネットで宣教をしている。
このままではハルマゲドンで滅ぼされます今すぐ悔い改めなさい。
アイドルは偶像である滅びよ。
排斥者は滅びよ。
自衛隊は人殺しである滅びよ。
嘘を書くのをやめよエホバの証人は子供を虐待などしていない。
嘘じゃないです。
なんだこの人こんなのもSNSにいるんだ…
敵だ!!
やっちまえ!!!

運営に通報!!
職場にメール！
ちゅどど〜ん
ちゅど〜ん
顔写真流出！
本名特定!!
IPアドレスから住所割り出し!!
コイツまだ抵抗する気かッ。
……
あ〜…
私は別に大丈夫なので…。
今なら叩いても大丈夫ですよ！
たもさんも絡まれてましたよね!?
さぁっ たもさんも一発!!
ボロッ
正義は勝つ!!
い…意外と過激なんだなぁ…
ずっと抑圧されてきたからかなァ…
こわかった〜
がんばったね〜
おつかれ〜
すご〜い
シュウウウウ……
預言者ヤコブ
このアカウントは削除されました

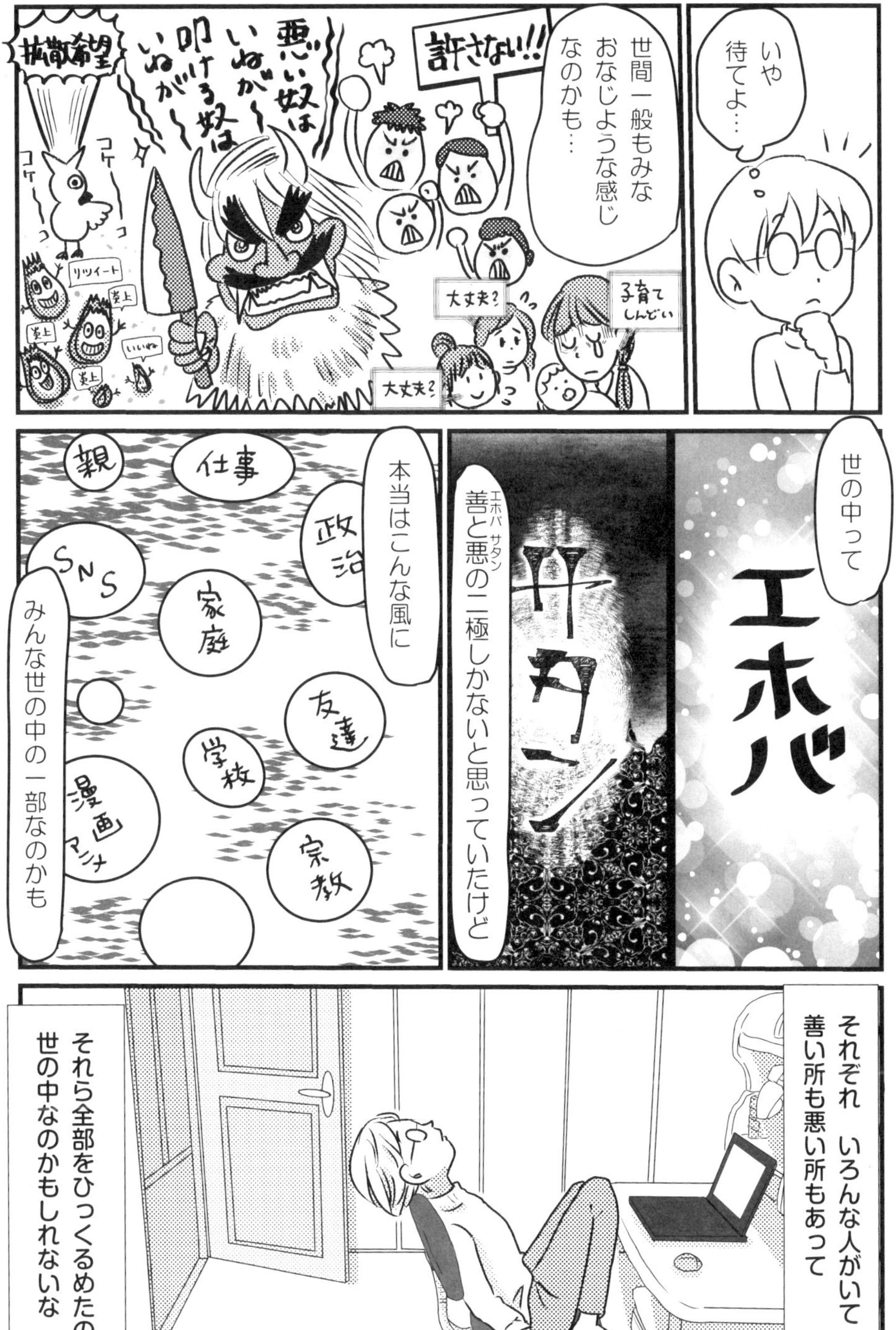

いや
待てよ…
世間一般もみな
おなじような感じ
なのかも…
許さない!!
悪い奴は
いねが〜
叩ける奴は
いねが〜
拡散希望
コケーコッ
コケーコッ
リツイート
炎上
炎上
炎上
いいね
大丈夫?
大丈夫?
子育て
しんどい
世の中って
エホバ
サタン
善《エホバ》と悪《サタン》の二極しかないと思っていたけど
本当はこんな風に
親
仕事
政治
SNS
家庭
友達
学校
漫画
宗教
みんな世の中の一部なのかも
それぞれ　いろんな人がいて
善い所も悪い所もあって
それら全部をひっくるめたのが
世の中なのかもしれないな

第14話　自分の居場所は自分で選ぶ

先生
ちはるの命を助けてくださって
本当に…ありがとうございました！
輸血の時は本当にご迷惑をおかけしました!!
ええ
にかっ
あの時は大変でした
ハッキリ申し上げて
かなり危険な状態です

心臓の右心室という部分が
全く動いていません
万一の時は覚悟しておいてください
どうしよう
ちはるが死んじゃう
オシッコが出ないので体の水分が抜けなくて…
血が薄まってしまい非常に危険です
この病気は輸血なしで治った例はありません
できれば今すぐにでも書いていただきたい
まずは血液製剤を試しましょう
先生 おねがいします どうか息子を助けてやってください
ちはるがんばれ ママがついてるよ
エホバの言われる通りにすれば永遠に生きられるのよ⁉
お母さん 私 後悔してないから

――そうですか
お辞めになったんですか 宗教…
親御さんとの関係は？
ハイ…まぁ 色々ありましたが… 何とか…
ちはるくん
これからもたくさん食べていっぱい遊んで
元気でな
ウン
精算・会計
ちはる…よかった…
よかったね…!!
ママはずかしい

完治!?
うん 年に一度の検査はあるみたいだけど
国立心臓病研究
十分だよ〜 ホントよかった!! 涙出てくるわぁ〜
パパがかわってって
ちはる〜 がんばったな!!
うん チックンしたけどなかなかった
なんだか順調だなァ
「エホバを離れたら不幸になる!!」ってさんざん脅されてきたけど
案外なんともなかったな
そうだね…
私の母もお義母さんも
私たちがいずれ悲惨な目に遭って戻ってくるだろうと信じているからね…

本当にこのまま絶縁状態でもいいのかな…
うん…
これから入院や介護が必要になったらどうするんだろう
その前に楽園が来ると思ってるのかなぁ
このまま夢を見させてあげたほうが幸せかもしれないな…
オカン達が奉仕に出てこれ以上被害者を増やさなきゃいいけどな
NO!
まあ…今どき聞く人は少ないだろうけど…寂しい人はどうかな…
母も姑も昔は悩んだり不安だったりして
誰かに話を聞いてもらって「がんばってるね」って言ってほしかったのかな
それでカルトしかすがる所がなかったのかもしれないよね…
みんな
居場所が欲しいんだろうな…

でも今はSNSで誰でもつながり合えるし愚痴も言える
カルトにハマる人はどんどん減っていくんじゃないかな？
うん…
怪しいと思ったらいつでも…
調べられ…るし…
人生の疑問の答えはどこにありますか
あ…
人生の疑問の答えはどこにありますか
こちらのウェブサイトをごらん下さい
どうした？
サッ
……

べつに
なんでもない!!
えっ 焼肉?
やった!!
パパがお祝いにお肉行こうって!!
にくだ にくだー
STATION・CITY
タクシーのりば
タクシーのりば

おわりに

「そろそろカルト宗教の続編を描きませんか」

彩図社さんからそんな話をいただいたのは、一昨年の7月のことでした。

大変ありがたかったのですが、1作目で全て描き切ったつもりでいましたし、2作目なんて大抵コケるものですし、それこそ第2、第3が売れるなんてドラクエくらいのものですし……。

それでも描くことに決めたのは、読者の方々から色んな感想をいただいた中で、カルト脱出の「その後」を掘り下げたくなったからです。

皆、一様に「その後」の生活に苦しんでいました。親子関係が大変、就職もままならない、結婚したけど配偶者がモラハラだった……等々。楽園へ行けると思っていたのに、蓋を開けたら現実が待っていたのです。そんな浦島太郎たちの、玉手箱を開けた後の話を描きたくなりました。

続編を描くにあたり、ひとつだけ気をつけていたことがあります。それは、「教祖にだけは絶対ならない」ということです。

いただいたメッセージの中でも多かったのが「悩み相談」でした。私は今こういう状況なんですがどうすればいいですか、たもさんならどうしますか、ぜひご助言を……。

最初は相談されたことが嬉しくて、ひとつひとつ回答していました。が、途中で「やばい」と、ただの人間が教祖のように祭り上げられていることへの違和感を感じはじめました。

カルトに洗脳されてきた人や毒親に支配されてきた人などは（私の考えですが）なにかに依存しがちな気がします。今まで自分で決定したり答えを導き出すことを許されなかった人は、自分が本当は何をしたいのか分からなくなっているのかなと。握り潰されたバネが掌の中で、飛び跳ねることを忘れてしまったかのように。

また、「楽園」という理想郷を追い求めてきたゆえに、次のユートピアを探し求め、新たな出逢いに「この人なら私を幸せにしてくれる」と思ってしまうのかもしれません。これは、脱カルトした人がモラハラやDVのパートナーに目をつけられてしまう原因のひとつなのではと思います。

そしてこちらのほうも、他人に助言したり持ち上げられたりして気持ち良くなってしまう危険があります。ある研究によると他人に説教する時、脳内では快楽中枢が刺激されて、性行為の時と同じドーパミンが出るのだそうです。エホバにまだ在籍していた時、長老や古参の信者たちからさんざん「助言」をもらいましたが、もしかしたら彼や彼女たちも気持ち良くなっていたのかもしれません。

なので教祖にはなるまい、と固く決意しました。せっかく支配から脱出できた人を、再び支配するようなことは絶対するまいと。

漫画の内容は「こういう時はこうすべき!」にせずに、主人公「たもさん」が試行錯誤しながら一般社会に馴染んでいく話にしようと思いました。もちろん、全て実体験で(物語の読みやすさを考えて、場面や時系列などは多少変えてありますが)。一緒に笑って、わかるわかる~とか、自分ならこうするなぁ、なんて思ってもらえたら嬉しいです。

親との関係も、あの通り課題だらけなのですが、カルト2世の方ならそれこそ、あるあるなのではと思います。世の中には、親の思い通りの人生を歩まないだけで無視され続ける子供が山ほどいる、このリアルを知ってほしいと思いました。

漫画の中でたもさんは、他人との会話が続かないことに焦り、服がダサいことに悩み、お洒落なカフェにドキドキし、一般のマナーを見よう見まねで勉強します。しまいには親とガチの喧嘩をします。

「中学生みたい」

これは覚えたてのファッションの知識を駆使して目も当てられない状態になったたもさんに対して、妹「りんちゃん」が放った一言。

私も含め脱カルト2世の多くは、普通の中学生が通るはずの道を今さら歩かなければならない事態に直面します。しかも、大半はいい大人になってから。

そんな心の中学生たちに、あれしなさい、これしなさいと過干渉母ちゃんになるのは野暮ではないでしょうか。悩み、迷い、苦しむのは、その人の権利なのですから。

今回、本を出すにあたり、たくさんの方に助けていただきました。私のような全くの素人が思いつくままに描いたものを、お金を払って読む価値のあるものにしてくれるのが出版社です。今回担当してくださった彩図社の栩兼さん、ありがとうございました。またよかったら描かせてください。

それから、背景のアシスタントをしてくれたまっきーちゃん、助かった! ありがとう。

そして最後になりましたが、今回ご購読くださった皆様、本当に本当にありがとうございました。

令和2年1月吉日　　たもさん

たもさんの好評既刊本

『カルト宗教信じてました。』

ISBN978-4-8013-0300-3 C0095　本体1000円＋税

幼いころに母親がエホバの証人に入信。
４人姉弟の中で、「断れなさそう」という理由で一緒に集会に連れていかれることになったたもさん。
エホバの証人の活動を行うために、部活動をかわきりに、服装や恋愛、進学さえも自分の望み通りにはならない日々でしたが、いつか訪れるとされている楽園のために耐え忍んできました。
しかし、結婚してやっと生まれたひとり息子は、エホバの証人では禁止されている「輸血」を必要とする病だったのです…。

著者略歴

たもさん

10歳の時に母親に連れられてカルト宗教に入信。進学や夢、友人関係など、多くのものを宗教による制限のために諦めてきたが、息子の病をきっかけにカルト宗教への違和感を強め35歳の時に脱退。
その後アメーバブログ「たもさんのカルトざんまい」やTwitterなどで細々と活動中。著書に、『カルト宗教信じてました。』(小社刊)がある。

ブログ：https://ameblo.jp/kammile/
ツイッター：@tamosan17

カルト宗教やめました。

2020年2月20日　第1刷

著　者　たもさん

発行人　山田有司

発行所　株式会社　彩図社
東京都豊島区南大塚3-24-4
MTビル　〒170-0005
TEL：03-5985-8213　FAX：03-5985-8224

印刷所　シナノ印刷株式会社
URL　https://www.saiz.co.jp　https://twitter.com/saiz_sha

ISBN978-4-8013-0426-0　C0095